Edition Annassalong
Hamburg-Altona
© Copyright 2024
Anna-Katharina Hölscher

Verlag: BoD • Books on Demand GmbH,
In de Tarpen 42, 22848 Norderstedt
Druck: Libri Plureos GmbH,
Friedensallee 273, 22763 Hamburg
ISBN: 978-3-7597-9574-8

# Annas
# Bahnhopping

# 2021-2023

Ich diskutiere gern mit mir selbst und liebe es, mit meinen inneren Freundinnen – oder besser Schwestern – zu sprechen. Ich habe uns meine drei Vornamen gegeben: Anna, Katharina und Euphemia. Anna, die Spontane, Ideenreiche, Kreative. Katharina, die Kluge und Vernünftige, Weitsichtige und Realistische. Euphemia, die Kritische, tendenziell schlecht Gelaunte, Ängstliche und manchmal Cholerische, wenn sie sich übersehen und nicht gewürdigt fühlt. Um eine uns stärkende Einigkeit zu erzielen, müssen wir ständig debattieren.

Übergriffigkeiten kommen vor; meist werden sie von Anna herbeigeführt, deren Energie manchmal überwältigend ist. Da wir bereits pensioniert sind, gibt es viel Gesprächsstoff: Der Beruf als fremdbestimmte Konstante fällt weg. Anna übernimmt als Ideengeberin meistens spontan die Führung, was Euphemia, die alles kritisieren muss, in die Bredouille bringt. Katharina folgt Anna gern, bringt die Ideen auf eine realistische Schiene. Eine gegen zwei, das ist für Euphemia nicht gerade leicht.

Wie wir unsere Zeit am sinnvollsten, angenehmsten und produktivsten verbringen, ist ein Dauerthema.

Beispiel: Reisen. Einig sind wir uns darin, dass wir gern mit der Bahn fahren. Viele Ideen, wo wir hinfahren könnten, kommen von Anna. Katharina übernimmt die Umsetzung, und Euphemia mahnt an, dass wir uns das alles nicht leisten können.

Anna hat ein Problem: Das viele Reisen ist zwar angenehm und unterhaltsam, aber sie möchte auch ihre Kreativität vorantreiben: schreiben, singen, Musik machen. Da bietet es sich an, das Reisen zum Thema eines kreativen Projektes zu machen, z. B. ein Buch schreiben und eine Lesung musikalisch begleiten. Nur, wie verbessert sie ihren Schreibstil, ohne ihre

Finanzen zu sehr zu strapazieren? Katharina schlägt vor: „Wir brauchen einen Plan und Disziplin, Schreibtermine, Deadlines usw. Ein diszipliniertes Gerüst, um ernsthaft und professionell arbeiten zu können.

Euphemia spottet: „Das schafft unsere liebe Anna nicht, der kommt doch immer was dazwischen, oder sie muss sich mal wieder entspannen. Oder auf Reisen gehen!! Reine Flucht, würde ich mal behaupten!"

Katharina fragt zurück: „Na gut, aber würdest du meinen Vorschlag denn unterstützen? Den Plan?"

„Hm … muss ich drüber nachdenken."

Anna sagt, wie immer schnell

entschlossen: „Ok, machen wir einen Plan!"

# Reisen

Anna erzählt: „Als Leseratte imponierte mir Emils Bahnfahrt in Emil und die Detektive von Erich Kästner. Er schläft im Zug ein, und ein Dieb stiehlt ihm das Geld, das er seiner Großmutter in Berlin übergeben soll.
Meine ersten eigenen Erlebnisse mit dem Bahnfahren hatte ich, wenn meine Mutter mich als Kind zu meinen Verwandten aufs Land brachte. Von Osnabrück ins westfälische Schüttorf bei Bad Bentheim an der holländischen Grenze. Meine Mutter fuhr mit mir im Bummelzug hin, die einzelnen Haltestellen kannte ich auswendig. Gemütlich fuhren wir von A nach B.

Onkel und Tanten und viele Kinder, die meisten viel älter als ich. Aber eine Cousine gleichen Alters. Geräumige Häuser und große Gärten, die Onkel beide Lehrer im Ort. Onkel Karl außerdem Imker. Onkel Josef mit seinem Motorrad. Meine Cousine und ich spielten auf dem Schulhof, fuhren mit dem Fahrrad von Dorf zu Dorf oder übten Handstand im Garten.

In den Sechzigern machte man dann eigentlich schon alles mit dem Auto, Bahnfahren war out. Erst hatten meine Brüder Autos, dann ich, zusammen mit zwei Freundinnen, einen alten VW Käfer, der uns von Osnabrück zum Studium nach Freiburg i. Br. brachte. Ab dann ging alles per Auto, Reisen nach Italien, Frankreich, Griechenland, später, in den Achtzigern, mit kleinen Kindern. Manchmal fuhr ich mit den beiden per Nachtzug nach Paris und Rom – oder auch mal mit dem ICE.

Nach der Pensionierung habe ich mein Auto abgeschafft. Meine Söhne haben kein Auto. Fliegen? In Europa nicht, habe ich beschlossen. Eher aus Abenteuerlust als aus ökologischen Gründen. Ich weiß nicht, woher der Impuls kam, wieder mit der Bahn zu fahren. War es Corona? Oder Flucht? Sehnsucht nach Minimalismus? Entschleunigung? Nostalgie? Entfernungen mitbekommen, nicht überfliegen, das Staunen über die vorbeirollenden Landschaften – und der Zug, der einen so bodennah ans Ziel bringt. Vertraut, behaglich, man kann sich bewegen, ins Bordrestaurant gehen. Haltestellen erinnern an Erlebnisse in der Jugend. Und natürlich ist eine Bahnfahrt eine willkommene Abwechslung, wenn ich es nur zeitlich begrenzt im manchmal verregneten und kalten Hamburg aushalte.

Reisen ist für mich wie Flügel ausbreiten und losfliegen, auch wenn ich mit der Bahn fahre

Und ich lerne so viel dabei, z. B. navigieren. Außerdem liebe ich die Suche nach den Unterkünften über Airbnb, die immer wieder interessant und lustig sind.

Auch die einfache Tagesstruktur gefällt mir sehr. Herumflanieren, etwas essen, abends einen Wein trinken und danach todmüde ins Bett fallen, ohne weitere Erwartungen an mich selbst. Möglichst keine Termine, alles geschieht spontan. Das einfache Leben!

# Wien

Unser erstes Reiseziel sollte Wien sein, schon wegen des Nachtzuges, der von Hamburg nach Wien fährt, ohne Umsteigen.

„Vielleicht hat Fritz Lust, mitzufahren?"
Euphemia guckt schief. „Du weißt doch, dass du dich nicht an deinen Sohn hängen sollst, der hat sein eigenes Leben."
„Ja klar, aber vielleicht hat er doch Lust, mitzufahren."
Anna bleibt eigensinnig.
„Na gut, er wird schon Nein sagen, wenn er nicht will",
meint Katharina.
Er will.

Wien kannte ich aus

Operetten, die meine Mutter liebte. Ihre Cousine, Anita Gura, war Opernsängerin und sang später Operetten. Bei YouTube gibt es noch Aufnahmen von ihr aus Die lustige Witwe. Ansonsten war ich in den Achtzigern mit Freund und Baby in Wien, einen seiner Freunde besuchen. In den Straßenbahnen waren die Ankündigungen damals noch auf Wienerisch.

Der Nachtzug der österreichischen ÖBB fährt an der Alster vorbei gen Süden und hält, was er verspricht: Schlafwagenabteil, Piccolo zur Begrüßung, Schafskäse und Oliven als Proviant. Noch ein kleines Glas Wein, dann ab in die weiße Bettwäsche und beim Rollen selig einschlafen. Ein paarmal zwischendurch aufgewacht, wo sind wir denn? Ach, schon Passau. Nach dem Aufwachen gibt es Frühstück, etwas profan, aber der Kaffee kommt in einem schönen Keramikbecher. Nach der Ankunft in Wien überlasse ich Fritz das Navigieren.

Die günstige Unterkunft ist bestens: eine saubere, hübsch eingerichtete Altbauwohnung mit Wohnzimmer, Schlafzimmer und Küche.

Und jetzt? Loslaufen!

Durch schmale Gassen und breite Straßen, über Karlsplatz, Stephansplatz und Naschmarkt. Wir landen im Café Jelinek bei Sachertorte und Verlängertem. Das Café ist im Hippie Style, zwischen alten Möbeln interessant ausschauende Menschen. Abends sind wir bei Michael, einem Freund aus Freiburger Tagen, seit längerer Zeit in Wien ansässig, eingeladen; er hat für uns gekocht. Es ist warm, und wir sitzen mit bei leckerem Essen in seinem Garten in Hernals. Sein charmanter Sohn Paul ist auch dabei.

Ausflüge zum Prater, den Leopoldsberg mit Aussicht auf die Donau, zum Heurigen in der Josefstadt, das Café Sacher darf auch nicht ausgelassen werden, Schloss Belvedere und natürlich Schönbrunn, das der Sohn völlig übertrieben findet.

Schloss Belvedere: ein riesiger Luxus-Bau, mit Orangerie.

Im Internet findet man nichts über die wahrscheinliche Ausbeutung der Menschen, die das Schloss in 10-jähriger Bauzeit mit ihren Händen errichtet haben. Und woher das Geld kam. Da braucht Euphemia sich nicht zu bemühen, denn auch Anna ist empört angesichts eines solchen Luxus. Kaiserin Maria Theresia hat aus Belvedere ein Museum gemacht, heißt es. „Und wer durfte da rein? Im 18. Jahrhundert?", fragt brummend Euphemia.

Katharina vermutet: „Na, die Gäste, gekrönte Häupter wahrscheinlich!

Anna findet: „Insofern haben wir es heute besser."

Die Zeit ist schnell um, und zurück geht's wieder mit dem Nachtzug, aber diesmal im Abteil, sehr kostengünstig und zu zweit äußerst bequem.

Katharina fragt: „Was war am schönsten?"
„Kann ich nicht so sagen", meint Anna, „war alles schön, aber auch neu, also ich denke, ich würde gern mal wiederkommen."
Fritz hat gesagt, Wien sei eine Mischung aus Freiburg i. Br. und Berlin, also aus den Schokoladenseiten beider Städte, das trifft es ziemlich gut: Berlin Weltstadt mit Geschichte und Flair, Freiburg mit der schönen Altstadt, der internationalen Atmosphäre,

der herrlichen Umgebung,
Süden-Feeling …

In den folgenden Jahren bin ich häufig in Wien.

Im Sommer 2021 will ich Michael wiedertreffen.
Er ist kein Wiener, sondern ein echter Freiburger. Ich kenne ihn aus den Siebzigern, als sich bei uns in der WG im Schwabentor die Germanistik-Doktoranden rund um Klaus Theweleit trafen, der dort seine Männerfantasien vorstellte. Michael war nicht dabei, er gehörte zur zweiten Generation der Doktoranden, irgendwie kannte ich ihn aber. In Freiburg kannte jede(r) jede(n). 2019 hatte ich ihn bei Twitter entdeckt und einfach angeschrieben. Er erinnerte

sich nur dunkel an mich, wir hatten aber jede Menge Bekannte. Wir trafen uns in Freiburg im Geier, der inzwischen von einer linken Kneipe zu einem angesagten Restaurant geworden war. Seitdem hielten wir über WhatsApp Kontakt.

Inzwischen war er emeritierter Germanistik-Professor in Wien, hielt jedoch weiterhin Seminare an der Universität ab und Vorträge.

Ich hatte ihm mein Buch Meine schönen Kleider. Erinnerungen geschickt, sehr ängstlich, was wohl ein Professor der Germanistik dazu sagen würde. Aber wer nichts wagt, der nicht gewinnt. Was soll ich sagen: Er war begeistert. Ich konnte es nicht glauben. Er zeigte das Buch sogar seinem Freund Helmut Lethen, dem Kulturwissenschaftler, als Beispiel für eine gelungene Autobiografie.

Das nächste Mal bin ich im März 2022 in Wien. Corona, Krieg in der Ukraine, ich will weg! Diesmal möchte ich die Stadt mit dem Fahrrad erkunden. Und vorher einen Stopp machen, in Nürnberg: nett, mittelalterlich, überschaubar. Weiter geht's nach Wien. Am Bahnhof miete ich ein Fahrrad und im Hotel ein Appartement. Da ich mich noch nicht so richtig an Google Maps traue, habe ich einen Stadtplan am Start. Etwas umständlich, alle paar Minuten Brille raus, Stadtplan raus.

Es gondelt sich nett durch Wien, viele kleine Straßen, Fahrradwege an den breiten Autostraßen. Ich fahre an die Donau, finde aber leider keine schönen Uferanlagen, die ich entlangfahren kann, wie z. B. an der Seine in Paris. Dafür ist der Donaukanal da. Wir haben März, die noch niedrigen Temperaturen laden nicht zum Verweilen ein. Aber es gibt ein Highlight: Eine Lesung von Katja Diehl, der unermüdlichen Kämpferin für eine Verkehrswende: Autos raus aus den Städten! Sie liest in einer historischen Straßenbahn aus ihrem Buch Autokorrektur. Ich staune über die Technik, die ihre Stimme in alle Wagen perfekt überträgt. Hinterher eile ich zum Café Ritter in

Ottakring, um Michael zu
treffen.

Von Wien erinnere ich die Figur
des Prinzen Eugen, der die
Türken vor der Stadt stoppte:
Der edle Ritter, der mit 20
Jahren, so lese ich im Internet,
verschuldet nach Wien
gekommen war und einer der
größten Bauherren seiner Zeit
wurde. Er hinterließ
umgerechnet 100 Millionen
Euro.

Die Orangerie zeigt 2023 eine
Ausstellung des Lebenswerkes
von Louise Bourgeois, die sich
als Frau und Künstlerin gegen
alle männlichen
Künstlergrößen des 20.
Jahrhunderts durchsetzte und
ihren eigenen Weg ging. Sie

war eine der ersten Künstlerinnen, die mit Installationen arbeitete, indem sie ihre Skulpturen in einen räumlichen Kontext einbettete. Ihre riesige Spinne „Maman" machte an verschiedenen Orten Furore. Ihre Kunst wird als feministisch gesehen, da immer wiederkehrende Themen Patriarchat, Sexualität und Weiblichkeit sind.

29

Auch tagsüber fahre ich mit dem Zug nach Wien, einmal mit Stopp in Regensburg: sehr schöne Altstadt, mitten durch fließt die Donau. Ich finde es romantisch. Dann in einem Rutsch von Hamburg-Altona ohne Umsteigen, 7:30 bis ca. 17 Uhr. Kaum jemand steigt aus. Ich habe das Gefühl, dass fast alle ganz bis nach Wien fahren.

Ich entdecke Lieblingsorte wie das Café Jelinek, das Café Ritter und das griechische Restaurant The Epos wieder. Alle in meinem Lieblingsstadtteil, dem 7. Bezirk, Neubau genannt, in der Nähe des Westbahnhofs.

Euphemia mault: „Das soll also der Text über Wien sein? Irgendwie stückelig, finde ich, also nicht sehr aussagekräftig."

Anna: „Na ja, wir haben Wien beschnuppert, würde ich sagen, es war nicht gerade Liebe auf den ersten Blick … Aber dann, so peu à peu, haben wir herausgefunden, was uns gefällt, wir haben viel entdeckt, und die Stadt wurde uns bei jedem Mal vertrauter.

Euphemia: „Und du glaubst, dass das jemanden interessiert?"

Anna: „Das ist ein Totschlagsargument. Es geht auch um das Reisen an sich, unterwegs zu sein, sich zurechtzufinden, Orte zu finden, an denen man sich wohlfühlt, die Atmosphäre zu spüren."

Katharina: „Apropos Atmosphäre. Wir haben den Wiener Walzer vergessen."

Anna: „Der Walzer war eine Revolution im Tanz, habe ich mal gelesen, keine artigen Schritte in höfischen Menuetten, sondern drehen, drehen, drehen, bis einem schwindelig wird. Entsprechend der Zeiten im Umbruch, Geschwindigkeit, technischer Fortschritt. Revolution. Linksherum galt am Anfang als unzüchtig. Der Walzer wurde Marseillaise des Herzens genannt und soll Wien die Revolution erspart haben. Johann Strauß jun. war ein 1948er-Revolutionär. Der Wiener Kongress soll den Walzer gesellschaftsfähig gemacht haben.

Euphemia: „Vom Walzer haben wir auf unseren Reisen nichts gesehen."
Anna: „Ist aber allzeit präsent im Kopf, wenn man an Wien denkt, oder?"
Euphemia: „Nö, nicht unbedingt."
Katharina: „Ok, was machen wir nun mit dem Text?"
Anna schlägt vor „Erstmal weitermachen. Vielleicht ändern wir später noch was."

## Paris nostalgisch

„If you're lucky enough to have lived in Paris as a young man, then wherever you go for the rest of your life, it stays with you, for Paris is a moveable feast." (Ernest Hemingway) Paris, ein Fest des Lebens, ist der Titel der deutschen Ausgabe.

So war es und so ist es. I was lucky to stay in Paris as a young woman.
Ich hatte das Glück, 1969, 22 Jahre alt. Es war mein eigener spontaner Entschluss, nach drei Monaten Aufenthalt als Au Pair in Nîmes und Courchevel, für ein paar Monate in Paris zu

bleiben. Mein Vater schickte mir regelmäßig Geld, also musste ich ihn fragen. Er war etwas überrumpelt, stimmte aber zu.

Von der künstlerischen und literarischen Avantgarde Anfang des 20. Jahrhunderts wusste ich nicht viel. In der Bibliothek meines Vaters, des Französischlehrers, standen Bücher u. a. von Georges Bernanos, Albert Camus und André Gide, auch Françoise Sagans Bonjour Tristesse. Gelesen hatte ich sie nicht, wohl aber bemerkt. Ich kannte französische Chansons: Juliette Greco, Françoise Hardy, Edith Piaf.

Paris war eine Neuentdeckung für mich. Ich bezog im 12. Arrondissement am Boulevard de Reuilly ein ehemaliges Dienstmädchenzimmer, eine Chambre de Bonne, im 5. Stock. Waschschüssel, Klo auf halber Treppe. Das Zimmer war lange nicht benutzt worden und völlig verdreckt. Es gehörte einem Zahnarzt, der mit meiner Au-Pair-Familie befreundet war. Ich putzte alles fein sauber und fühlte mich im siebten Himmel. Ein eigenes Zimmer in Paris!

Später in den Siebzigern, Achtzigern hörte und las ich mehr von den Zwanzigern. Paris am Anfang des Jahrhunderts: künstlerische Revolte, Kubismus, Experimentierfreudigkeit in allen Künsten. Gertrude Stein mit ihrer Lebensgefährtin Alice

B. Toklas und ihrem Salon in der Rue de Fleurus. Picasso, Picabia, Adrienne Monnier, Marcel Duchamp, Baudelaire sowie Silvia Beach, die Verlegerin und Besitzerin der Buchhandlung Shakespeare and Company. Dazu das Leben, wie es Hemingway in Paris, a moveable feast beschreibt: kalte Wohnungen, schlechtes Wetter, Armut. Hemingway verzieht sich in die warmen und gemütlichen Cafés, trinkt schon mal morgens einen oder zwei Rum Saint James von der Insel Martinique. Und schreibt.

Auch 1969 noch, mehr als 50 Jahre später, war mein Zimmer ohne Heizung, ohne Bad. Die Toiletten in den Cafés häufig noch ein Loch im Boden mit zwei Tritten und einem Wasserschlauch. Heute staune ich über die meist perfekten sanitären Anlagen. Aber es störte damals nicht, weil man es gewohnt war.

Anna allein in Paris. Das Pariser Flair. Ich sauge es mit jedem Schritt auf, besuche Französischkurse in der „Alliance Française". Dort lerne ich Holländer, Amerikaner und Schweizerinnen kennen.

Die Métro bringt mich überall hin. Vor allen Dingen ins Quartier Latin, die Place St Michel, die kleinen Gassen rundherum. Casse Croûte, das Brötchen mit Thunfisch, Oliven und Salat vom algerischen Imbiss. Ich gehe häufig in den Louvre und andere Museen, um nur Ausschnitte in Ruhe betrachten zu können.

Besonders liebe ich das Jeu de Paume mit den Impressionisten, die jetzt im Musée d'Orsay gezeigt werden.

In der Comédie Française mit Cyrano de Bergerac sitzen wir mit den billigen Karten so weit oben, dass man schon Höhenangst bekommen kann, wobei ich meinem Freund, der zu Besuch kommt, alles übersetzen muss. Er kommt mit seinem VW Käfer fast jedes Wochenende von Mainz.

Findet sich super zurecht. Auch auf dem vielspurigen Place de l'Ètoile, heute Place Charles de Gaulle. Salade Niçoise in einer großen blauen Glasschüssel ernährt uns. Dazu Baguette von der Boulangerie unten im Haus. Essen gehen können wir uns nicht leisten, macht aber nichts: Wir bewundern die üppigen Auslagen in den Restaurants.

Paris blieb auch für mich „a moveable feast" Immer wieder zog es mich dorthin, von Freiburg i. Br. aus, wo ich zehn Jahre lebte, war ich häufig dort, neuerdings wieder zwei- bis dreimal im Jahr.

## Paris 2021

Hamburg-Paris, diesmal direkt ab Altona, 10 Uhr, Ankunft soll gegen 18 Uhr sein. ICE, alles prima. Euphemia, Schwester Sorge, hofft, dass wir pünktlich in Karlsruhe ankommen, damit wir den Anschlusszug nach Paris nicht verpassen.

„Das wäre blöd", sagt sie, wenn wir das nicht schaffen, müssen wir noch drei Mal umsteigen und wären erst um 22 Uhr da."

Ja, das stimmt, sagen wir, Katharina und ich.

Aber es funktioniert alles, obwohl der ICE nach Paris Verspätung hat, kommen wir pünktlich in Paris Est an.

Euphemia, hat, klar schon vorher alles herausgesucht: welche Métro bis zu welcher Haltestelle usw.

Die Unterkunft ist diesmal im 12. Arrondissement, wo ich 1969 drei Monate gewohnt habe. Mit Stadtplan bewaffnet finden wir den schönen Altbau am Boulevard de Picpus. Wir suchen den Aufzug, die Wohnung soll im 6. Stock sein. Kein Aufzug, Och nee, mit Koffer bis in den 6. Stock zu Fuß? Wir lassen wir das Gepäck erstmal stehen und steigen hinauf in das Appartement, entscheiden wir unisono. Eine hübsche kleine Wohnung erwartet uns, mit Minibalkon und Sicht über die Dächer.

Später schaffen wir es noch, das Gepäck hochzuschleppen und sind erstmal glücklich. Schnell sind wir aber wieder unten, um die Gegend zu erkunden. Wo ist das Haus, indem ich gewohnt habe, von Mai bis Juli 1969, 21. bzw. 22-jährig, und zu Französischkursen zur Alliance

Française gestiefelt bin? Ich finde es: Boulevard de Reuilly 9 war es, aber der Eingang des Nebenhauses kommt mir bekannter vor. Na gut. Hineingehen kann ich nicht, es gibt überall Codes, die die Eingangstür verschließen. Unten war eine Bäckerei. Morgens stieg der einladende Duft der frisch gebackenen Baguettes bis zu unserem geöffneten Fenster hinauf. Heute ist da kein Bäcker mehr, sondern ein Computerladen. Eine merkwürdige Mischung aus Vertrautheit und Fremdheit beschleicht mich. Vor dem Nachbarhaus laden Tische und Stühle eines Weinladens zum Sitzen ein. Ich suche mir einen Platz und bestelle bei dem freundlichen jungen Kellner ein

Glas Wein. Dazu nehme ich eine kleine Käseplatte.

Da sitzen wir nun in würdiger Erinnerung. Meine Alter Egas sagen nichts.

„Na, was meint ihr?", versuche ich sie zu animieren. „Wollt ihr nochmal 21 sein?"

„Nö", sagt Euphemia, „das nicht. Es war schön, das kann so bleiben."

„Tunesische Brötchen, Casse Croûte, im Quartier Latin", seufzt Katharina. Ja, mit Thunfisch und Oliven und schön scharf.

Nach leckerem Käse und Wein wird in den 6. Stock gestiefelt und sofort eingeschlafen. Am nächsten Tag nach dem Frühstück wandere ich zur Coulée Verte, der bepflanzten

4,5 km langen Eisenbahntrasse und dem zum Park gestalteten Viadukt. An der Place d'Aligre verlasse ich den Park und trinke noch einen Tee. In den Straßen finde ich eine Boutique, die wunderschöne Tücher herabgesetzt hat, weil die Besitzerin en retraite, in Rente geht. Ich kaufe zwei, in Blau und Orange, über die sich meine Freundinnen gewiss freuen werden, schlendere zufrieden zu einem Buchladen und erstehe zwei französische Bücher. Die werde ich zusammen mit einer Freundin auf unseren wöchentlichen Treffen lesen.

Ich schicke ihr eine SMS mit dem Titel, worauf sie erfreut mit einem „Merci, ma chère" antwortet.


Paris 2022

Diesmal mache ich einen Stopp in Freiburg, bleibe ein paar Tage.
Ich habe eine Schwellung am Fuß, die mich nervt, aber nicht so richtig schlimm ist. Eine Ärztin nimmt mir Blut ab und verspricht, mich anzurufen.

Früh aufstehen, ab in die Straßenbahn. Dann rollt der Zug. Wunderbar! „Was soll mir schon passieren, wenn ich in Paris bin", sage ich zu Katharina. Sie lächelt fein. Euphemia rollt die Augen. „Ach, wie gut, dass ich euch habe", seufze ich und schlummere noch ein wenig vor mich hin.

In Paris angekommen, geht es mit dem Humpeln, langsam, langsam, ganz gut. Eine Freundin schreibt mir per WhatsApp: „Wenn du in Paris bist, hast du alle Schmerzen vergessen." Das möbelt mich auf.

Schlauerweise und ohne Euphemia zu konsultieren (aber wahrscheinlich hatte sie ihre Hand doch im Spiel), habe ich nur einen sehr leichten kleinen Koffer, einen akzeptablen Rucksack und eine Handtasche dabei, sodass ich mich gut fortbewegen kann. Also rein in die Métro und ab ins Quartier Latin, wo mein Airbnb-Zimmer auf mich wartet. Vergnügt setze ich mich in die

Sonne vor einer Bäckerei und bestelle eine Quiche mit Salat. Kostenpunkt 6.50 €. Mitten im Quartier Latin. Meine Laune ist bestens. Ich kann mein Zimmer erst um 13 Uhr beziehen, also flaniere ich ein wenig durch die Straßen. Es ist noch ausreichend warm, und die Fußschmerzen halten sich in Grenzen. Ich bin schon ein bisschen müde, war ja schon gegen 5 Uhr aufgestanden. Pünktlich um 13 Uhr finde ich mich bei der Adresse ein, Code und Beschreibung zur Hand. Ich gebe den Code ein, doch die Tür öffnet sich nicht, und nach einigen Versuchen gebe ich auf. Student: innen der nahe gelegenen Universität gehen vorbei, ich bitte ein paar junge Frauen um Hilfe. Die Null funktioniere nicht, meinen sie, und ich müsse warten, bis jemand kommt und die Tür öffnet. Noch sagt Euphemia nichts, Ich bin so Paris-selig, dass meine Stimmung sich noch im gehobenen Bereich befindet. Irgendwann kommt ein Pizzabote und nimmt mich mit ins Haus. Doch es scheint nicht das richtige zu sein. Während Schwester Sorge schon langsam Luft holt, um ihren Senf dazuzugeben, flüstert mir Katharina etwas zu. „Guck doch noch mal in die Mail, vielleicht hast du ja was vergessen." Treffer! Ich hatte die Hausnummer falsch in mein Notizbüchlein übertragen: 22 statt 23 ist es. Erleichtert und beschämt, dass mir solch ein Fauxpas passieren konnte, strebe ich der Nummer 23 zu, und siehe da, der Code passt, die Tür geht auf, und auch die weiteren Angaben führen mich in den fünften Stock mit einem der berühmten Pariser Mini-Aufzüge, für eine Person mit Koffer oder zwei ohne. Ein junger Mann öffnet freundlich, zeigt mir mein helles Zimmer mit kleinem Balkon und erzählt mir sichtlich stolz etwas über die Geschichte der Straße, erklärt mir die Gegebenheiten, Küche, Bad, WLAN etc., und lässt mich dann allein. Rundum zufrieden richte ich mich ein und sinke auf das Bett. Ich bin immer wieder beeindruckt, in einer fremden Stadt, da, wo ich nicht zu Hause bin, über ein Zimmer, ein Bett und ein Bad verfügen zu können, was mir sofort ein Glücksgefühl von Aufgehobenheit vermittelt.

Vom Mittagsschlaf erfrischt, ist mir klar: Heute ist der Tag, an dem ich den eingepackten Arc de Triomphe sehen werde. Die Sonne scheint, und es ist der vorletzte Tag der Verpackung. Ohne Gepäck und sehr beschwingt mache ich mich auf den Weg zur Métro. Mitten auf der Straße klingelt mein Handy. Die Ärztin! Ich hebe ab. „Sie rufen wirklich an, ich stehe hier auf der Straße in Paris." Sie lacht. Es stellt sich heraus, dass mein Blut keine Entzündung aufweist, aber, das wollte sie mir noch sagen, ich hätte einen eklatanten Vitamin-D-Mangel. „Ich habe Ihnen ein Rezept hinterlegt, im November zwei, ab Dezember

nur noch eine Tablette
wöchentlich."
Erheitert und erleichtert
schlendere ich durch die
Straßen, kaufe mir etwas Käse,
Brot und eine kleine Flasche
Wein, um auf den Champs
Elysées auf einer Bank ein
Picknick zu machen; in den
Cafés würde der Wein ein
Vermögen kosten. Beschwingt
verlasse ich die Métro am
Place de l' Étoile und da ist er
auch schon, der riesige Arc de
Triomphe, als Geschenk
verpackt in der untergehenden
Sonne.

Viele Menschen um mich herum, in einer ausgesprochen angenehmen, heiteren Atmosphäre, sie lachen und schwatzen und fotografieren. Mit großer Begeisterung mache ich die tollsten Bilder, jeden Abschnitt der untergehenden Sonne in ihren Rottönen hinter und neben dem Bogen festhaltend – und bei einbrechender Dunkelheit noch die farbigen Beleuchtungen. Schicke die Fotos auf WhatsApp Familie und Freund: innen, alle sollen teilhaben an diesem außergewöhnlichen Moment in Paris. Ich finde eine unbesetzte Bank und trinke den leckeren Wein. Etwas humpelnd, aber glücklich steige ich dann wieder in die Métro und fahre „nach Hause" Vom Balkon aus schaue über die Dächer von Paris, trinke noch ein Schlückchen Wein, gucke zum Einschlafen auf meinem Tablet ein bisschen die Netflix-Serie Grace und Frankie an und schlafe zufrieden ein.

Als ich aufwache, ist es bedeckt, aber freue ich mich aufs Frühstück und schlendere durch die Straßen, bis ich das passende Café gefunden habe. Ich bestelle café crème, croissant, pain beurre, confiture, jus d'orange.

Katharina und Euphemia sind auch zufrieden. Göttinnen in Frankreich, was?

Um dem Ganzen noch eins drauf zu setzen, beschließe

ich, im Chez Paul, einem traditionellen Restaurant, das es seit 1900 gibt, Mittag zu essen. Versuche, telefonisch einen Tisch zu reservieren, aber keiner geht ran. Na gut, ich riskier's. Ich mache einen langen Spaziergang durchs Quartier, an der Bastille vorbei und bin gegen 14 Uhr im Restaurant. Draußen ist alles frei. Ich fühle mich ganz entspannt, denn drinnen, bei all den Pariser:innen, die mit ihren Freund:innen oder Familien an den Tischen sitzen, fühlte ich mich allein ein bisschen unwohl.

Dennoch, die Räumlichkeiten sind sehenswert, sofort ist die hundertjährige Geschichte atmosphärisch spürbar. Beim Betreten fühle ich mich gut und aufgehoben. Das Mobiliar schwankt zwischen Belle Epoque und Zwanziger Jahren, alles ein bisschen urig, keine unnötige verschnörkelte Eleganz, robust und antik. Von einem Gemälde schaut die einstige Besitzerin, eine stolze, raumfüllende üppige Schönheit, wohlgefällig auf ihr Interieur.

Tische und Stühle sind einfach, das Essen ist raffiniert, aber dennoch leicht und lecker. Der Raum ist eng gefüllt mit akademisch-bourgeoisem Publikum, unkompliziert, gebildet. Pariser Stammpublikum herrscht vor, keine Touristen sind zu sehen. Man sitzt eng, an Zweier- oder Vierertischen. Die Bedienung ist herzlich, freundlich, professionell. Ich fühle mich zwischen Wohlgefühl und Leichtigkeit, sehr französisch, denke ich. Das köstliche Menu kostet mittags nur sensationelle 18 € für zwei Gänge, 21 € für drei.

„Wir bestellen drei Gänge, was Mädels?", frage ich meine unsichtbaren Schwestern.

„Klaro", strahlt Katharina,

Euphemia nickt.

„Und Wein, einverstanden?"

„Mittags, echt?", murmelt Sorge.

Katharina nickt. „Unbedingt!" Das Essen wird ohne überflüssige Warterei serviert. Besteck, Geschirr und Zubehör sind alt und robust-elegant. Göttinnengefühl in Frankreich hoch drei! Wir schauen entspannt den Vorbeiflanierenden hinterher, die Stimmung ist ausgesprochen pariserisch, die Menschen sind leger, aber chic gekleidet und selbstbewusst. Nach dem Hauptgang gucke ich Katharina fragend an.

„Sollen wir noch ...?" Sie grinst und winkt der Kellnerin:

„Un petit plateau de fromage, s'il vous plaît." Noch eine kleine

Käseplatte. Käse macht glücklich, oder? Französischer Käse in Paris jedenfalls. Der Wein schmeckt gött(in)lich. Das Dessert nehmen wir auch noch. Sehr satt, aber vom Wein beschwingt, erheben wir uns nach der respektablen Rechnung, mit Trinkgeld immerhin 50 €, und wackeln, leicht beschwipst, Arm in Arm, Euphemia in der Mitte, über die Seine-Brücke zu Fuß in unser „Zuhause". Sinken in einen späten üppigen Mittagsschlaf. Als wir aufwachen, regnet es. Nicht so verlockend, weiter zu flanieren, nochmal den Arc de Triomphe, mit nasser Verpackung? Och nö, es reicht doch mit den Highlights, es gibt noch etwas zu erledigen und zu recherchieren wegen der

morgigen Abreise nach Girona.
Z. B., wie wir zur Gare de Lyon
kommen. Ist gar nicht weit,
aber zu Fuß? Unser Vermieter
hatte gesagt, besser zum Gare
Austerlitz mit der Métro und
dann zu Fuß.
Na gut, also morgens zur
Métro, die ist immerhin nur
zwei Minuten entfernt, dann
eine Station fahren. Die Wege
im Untergrund sind allerdings
so lang, treppauf, treppab,
immer mit zwar leichtem Koffer,
aber frühmorgens und noch ein
wenig humpelnd, da komme
ich doch ein wenig außer Atem.
Am Gare d' Austerlitz muss ich
mich erst einmal orientieren.
Kein Mensch auf der Straße.
Wo, bitte, geht's zur Gare de
Lyon? Kurz und gut, es stellt
sich heraus, ich hätte auch

komplett zu Fuß gehen
können, wäre auch nicht weiter
gewesen.
Da ist er, der Bahnhof. Ich
sinke im nächstbesten Café auf
einen Stuhl und atme tief
durch. Jetzt erst mal Frühstück,
ich bin wie immer zu früh, das
habe ich wahrscheinlich
Schwester Sorge zu
verdanken, die im Leben nicht
in letzter Minute zum Zug
hetzen würde, aber gut, warten
macht mir nichts aus: Ich
gucke mir die Leute an,
schnuppere die Atmosphäre
und warte auf das Erscheinen
der Gleisnummer auf der
großen elektronischen Tafel.
Dann, endlich, alle streben
zum Gleis, man wird
kontrolliert, Pass Sanitaire,
geimpft, genesen oder

getestet, alles mit QR-Code, einmal den ellenlangen Zug entlang und rein. Hinsetzen, entspannen, der Zug fährt langsam los.

Nachtrag

„Und?", fragt Anna, „wie gefällt euch der Text über Paris?" Euphemia runzelt die Stirn „Zu viel übers Essen, zu wenig von Paris, Atmosphäre, von den Leuten …"
Katharina denkt nach „Ja, vielleicht, aber was heißt das jetzt für uns, unser Thema ist reisen und danach darüber schreiben. Und essen ist in Paris wichtig, schließlich geben die Pariser weitaus mehr fürs Essen aus als die Deutschen,

und die französische Küche,
also die ist schließlich
berühmt."
Euphemia brummt" „Aber nicht
nur Baguette und Butter".
„Das zeigt aber, wie sehr wir
das Frühstück genießen,
obwohl es so einfach ist",
wendet Katharina ein. „Und
das Gute ist, beim Schreiben
machen wir die Reise in
Gedanken noch einmal, und
das Erinnern ist ja fast genau
so schön wie das Erleben."
Anna: „Oder schöner!"
„Können wir auch einen Satz
über Paris sagen, so wie
Hemingway?!
„Paris, c'est la vie!"

## Costa Brava

Irgendwie hatte ich mir die
Costa Brava anders vorgestellt:
Bettenburgen, Hochhäuser,
Massen von deutschen
Touristen, Lloret de Mar. Ein
Bild, das ich in den Sechzigern
von Spanien hatte.
Tausende Deutsche: Familien
in ihren VW-Käfern auf dem
Weg nach Spanien, Sonne,
Strand und Schnitzel mit
Pommes erwartend. Überfüllte
Strände.

Das erste Mal war ich im Jahr
2000 an der Costa Brava, fuhr
mit dem Auto die Küstenstraße

entlang. Diesmal soll es ein Familienurlaub werden, mit den Kindern und dem Enkel.

Ich fahre wie immer per Bahn über Paris Richtung Spanien, Till fliegt mit der Familie nach Barcelona und zuckelt dann mit Fritz in dessen Wohnmobil nach San Marti d'Empuries an der Costa Brava. Wir entdecken Cadaquès und Calella de Palafrugell, Dali und Cadaques, die felsige Küste, malerische Strände, von trutzigen Felsen gesäumt, römische Überreste, griechische Ruinen aus der Zeit vor Christi Geburt. Über uns stets intensiv blauer Himmel, eher an die französische Côte d'Azur erinnernd.

Die Fahrt ist angenehm, erster

Stopp Valence, dann am Meer entlang und zuletzt die Pyrenäen im Westen. Das Meer ist so nah, rechts und links, wie beim Hindenburgdamm nach Sylt. Und dann Katalonien, Perpignan, noch in Frankreich, aber schon katalanisch, Figueres, Girona.

Ich smse mit dem Sohn, der begibt sich, samt Fahrrad, in Barcelona auch in die Bahn, bis Girona sind es nur 45 Minuten. Beim Aussteigen winkt er mir von der Empore zu, auf den Bahnsteig kommt man nicht ohne Ticket.

Er erkundet schon mal die Ferienwohnung. Die ist gleich am Bahnhof. Modern, alles da: gut ausgestattete Küche, Wohnraum, zwei

Schlafzimmer, schönes Bad.
Jetzt merke ich doch, wie die
Anspannung nachlässt.
Schwester Sorge hat sich
beruhigt und blinzelt in die
Sonne, Auch Katharina scheint
zufrieden zu sein, ich bin ein
bisschen erschöpft.
Schon beim Aussteigen habe
ich gemerkt: Hier ist noch
Sommer, die Sonne scheint,
bei 26 Grad. T-Shirt Wetter. Wir
bummeln los in die Altstadt. Die
Straßen sind sehr voll, es ist
Samstag, die katalanischen
Familien flanieren durch die
Stadt, shoppen an
Straßenständen und sitzen in
den überfüllten Cafés.
Dann die Plaça Independencia,
wow, plötzlich und unerwartet
ein großer Platz mit einem
Denkmal in der Mitte, von

stolzen Granden-
Bürgerhäusern umrahmt.

Hier wurde die Netflix-Serie „Game of Thrones" gedreht, lese ich im Internet. Der Platz erinnert mich ein wenig an die Place des Vosges in Paris. Eine unbeschreibliche Atmosphäre, hier tobt das Leben. Es ist noch früh, gegen 18 Uhr. Die Restaurants öffnen erst um 20 Uhr

Wir schlendern also erstmal durch die Altstadt, überqueren den Fluss auf Fußgängerbrücken und betreten dann neugierig die „Casa Marieta", ein Restaurant, das uns unser Vermieter empfohlen hat. Die Einrichtung geschmackvoll im katalanischen Stil, Wein und Essen sind erstaunlich

preiswert, aber lecker, viel
Auswahl an Tapas, Paella etc.

Die folgenden zwei Tage
verbringen wir mit
ausgedehnten Spaziergängen,
mehrere Kilometer entlang der
Burgmauer rund um die
Altstadt und landen immer
wieder gern auf der Plaça
Independencia, die
Atmosphäre dort ist einfach
umwerfend.

Praktischerweise hat der Sohn ja sein Fahrrad dabei, fährt einkaufen und bekocht uns am letzten Abend. Dann soll es losgehen, an die Costa Brava. Aber zuerst nach Barcelona, den älteren Sohn mit Family vom Flughafen abholen, vorher noch muss Fritz auf den Berg hinter Barcelona in sein Zuhause fahren und das Wohnmobil holen.
Also logistisch etwas kompliziert.
Im Bahnhof erfahren wir am nächsten Morgen, dass die Züge streiken. Ich kann Euphemia kaum im Zaum halten, sie ist ganz hibbelig und stachelt den Sohn an. Wie laufen hin und her, stehen Schlange am Ticketschalter,

und der Sohn erkundigt sich nach unseren Möglichkeiten. „Entspann dich mal", sagt er zu mir. Ich gebe das weiter an Euphemia, die ist beleidigt. Wir finden einen Bus, der mich sogar bis zum Flughafen bringt, wo ich mich dann eine Weile vergnügen kann, und der Sohn eilt mit seinem Fahrrad in die S-Bahn und weiter auf seinen Berg, macht das Wohnmobil klar und soll sich dann zum Flughafen begeben. Alles funktioniert, ich frühstücke in der fast menschenleeren Flughafenhalle und der Sohn smst mir seine Fortschritte. Etwas verspätet erscheint die kleine Familie in der Ankunftshalle, glücklich und müde fällt mir ein Stein vom

Herzen. Nach ein wenig Warten kommt der andere Sohn mit dem Wohnmobil vorgefahren. Der Enkel strahlt seinen Onkel an und ruft: „Obonil! Brummbrumm!" Damit meint er das Wohnmobil.

Fritz hatte in Barcelona einen Kindersitz besorgt, alle finden ihren Platz, und es geht los. Wieder über Girona. „Wir müssen etwas essen", verkündet die Family. Ok, alle nicken. Wir kurven lange durch die Straßen, dann sehen wir ein indisches Restaurant. Sollen wir das nehmen? „Na, hoffentlich ist das nicht wie damals in Barcelona beim Inder, als wir anschließend die ganze Nacht gespuckt haben", sorgt sich der ältere Sohn. Nach kurzer Beratschlagung wird er damit beauftragt, das Essen zu holen. Die erste Mahlzeit wird im Wohnmobil verspeist.

Weiter geht`s Richtung Küste. Ich freue mich, mit meiner Familie zusammen zu sein. Hatten wir seit vielen Jahren nicht, dass alle zusammen Urlaub machen! Katharina strahlt, und Sorge verkneift sich ein paar Bemerkungen. Ich gebe mich neutral. Wir kommen an, eine kleine, aber feine Ferienwohnungssiedlung am Meer, Sant Marti d'Empuries, das Haus ist zwei Minuten vom Strand, dem kleinen Ort und der Promenade entfernt. Wir betreten einen Innenhof, umkränzt von Oleanderbüschen, Terrasse. Auch die geräumige Wohnung ist ein Traum! Ich staune und bin begeistert!

Abends machen wir einen Spaziergang durch Pinienwälder ans Meer. Oben an der Promenade steht ein trutziges, altertümliches Haus auf einem von Mauern umgebenen Platz, von dem man den Blick über das jetzt dunkel schimmernde Meer schweifen lassen kann. Über uns wölbt sich der weite Sternenhimmel. Wir biegen in enge Gässchen ein, die auf einen mittelalterlichen oder sogar aus römischer Zeit stammenden Platz münden. Hier werden wir von dicht an dicht liegenden historisch wirkenden Restaurants überrascht: Tavernen, deren stilvolle Beleuchtung einen an eine märchenhafte Umgebung aus alten Zeiten denken lässt. Beim genaueren Hinsehen allerdings stellen sich diese stilvollen Tavernen als Pizza- und Pasta-Restaurants heraus, wenig katalanisch – aber eines hat immerhin zahlreiche Tapas und Fischgerichte auf der Speisekarte, die somit eher eine regionale Küchenvielfalt präsentiert. Ich bin sehr angetan von der Atmosphäre, die Familie studiert die Speisekarte, und der Enkel bekommt einen Kindersitz, auf dem er sich neugierig und ein bisschen fremdelnd niederlässt, um schon bald sicherheitshalber wieder den Schoß seiner Eltern zu reklamieren.

Wir bestellen Fisch und

wohlklingende Tapas, der Sohn
übersetzt. Das Mittelmeer, der
kuschelige Platz, schön hier!
Und vor allem: Family olé!

Die nächsten Tage bescheren uns sehr blauen Himmel, sehr blaues Meer, und wir bewundern die typische Landschaft der Costa Brava: Meer, viele Felsen, Buchten und verträumte Dörfer. Wir machen einen Ausflug mit dem Wohnmobil nach Callela di Palafrugell. Der malerische Ort am Meer besteht aus blendend weißen, eher kleinen Häusern und hat einen von Felsen umgebenen Strand, wo ein Weg durch und an Felsen vorbei beginnt. Hier machen wir einen ausgedehnten Spaziergang: Durch Buchten und über kleine verlassene Strände, durch kleine Tunnel, Stufen auf und ab geht es am Meer entlang, jede Biegung blättert eine neue Aussicht auf.

Das Meer und der Himmel sind von sehr tiefem Blau, anders als ich es überhaupt jemals am Meer gesehen habe. So knallig und satt. Der Kinderwagen muss immer wieder auf und ab getragen werden, bei den kleinen Felstunneln kräht der Kleine laut „Tunnel" und will nur noch auf dem Arm seiner Eltern das Schauspiel vorbeiziehen lassen. Klar, von oben sieht man ja auch mehr, kann ich verstehen. Für die Eltern ein wenig mühsam, nach ein paar Minuten wird er schon ganz schön schwer.

Die anderen Tage fahren wir an ausgesucht schöne Strände und nach l'Escala, den Nachbarort. Das Meer ist nicht mehr warm, aber auch noch nicht zu kalt, es gibt etwas

Brandung, und die Sonne wärmt so sehr, dass der Sohn einen Schattenplatz mit Regenschirmen aus den Beständen des Wohnmobils baut. Am vorletzten Abend lade ich die ganze Bagage zum Essen ein, dann trete ich die Rückreise an. Alles geht glatt, der Sohn bringt mich morgens mit dem Wohnmobil nach Girona, ich steige in den TGV nach Paris. Sohn smst noch: „Alles klar?" Ich antworte: „Ja. Zug rollt."

Die anderen bleiben noch einen Tag, fahren dann nach Barcelona, besichtigen das Zuhause vom Sohn, schlafen bis um 3 Uhr morgens im Wohnmobil, dann ab zum Flieger, der morgens um 6 Uhr geht. Nix für mich, aber sie

sind ja jung. Und schon um 9
Uhr morgens in Hamburg. Der
Enkel schläft im Flugzeug
sofort ein, wacht zur Landung
auf, und, als das Flugzeug zum
Stehen kommt, klatscht er in
die Hände und ruft: „Noch mal!"
Aber eins nach dem andern,
ich sitze ja noch zwei Tage
vorher im TGV und bin froh,
dass ich dem ganzen Gewusel
und Gepacke und Gefahre
entkommen bin.
„Hm", sagt Euphemia,
nachdem Anna den Text
vorgelesen hat.
„Irgendwie nicht schlüssig, der
Text."
„Was fehlt?", fragt Anna
„Weiß ich nicht", brummt
Euphemia.
„Diese Fahrt mit den Kindern,
ok, aber es passiert nichts,

könnte auch in Frankreich oder Italien sein."

„Die Costa Brava ist schon besonders", sinniert Katharina, „das Trutzige, Felsige, der knallblaue Himmel ..."

Anna ergänzt: „Und die Jahreszeit, Oktober, ideal für einen Urlaub, noch warm genug, aber nicht zu heiß, die Häuser, bzw. Ferienwohnungen zu erschwinglichen Preisen."

Ja, Euphemia klappt den Computer zu: „Vielleicht fällt uns ja noch etwas ein."

Weihnachten 22
Paris – Costa Brava

Mein älterer Sohn möchte Elternzeit nehmen und über Weihnachten nach Brasilien in das Heimatland seiner Frau reisen – mit ihren zwei Kindern, drei Jahre und ein halbes Jahr alt, nach Sao Paolo.
„Dann komme ich zu dir nach Spanien", sage ich zu Fritz. „Hier ist es mir zu langweilig."
„Ok, wir mieten eine schöne Wohnung in Calella de Palafrugell, an der Costa Brava."
Die Zugfahrt Paris-Girona, soll 230 € kosten.
„Das ist zu viel", sagt Euphemia. Wir stimmen ihr zu. Hinzu kommt noch die Fahrt Hamburg-Paris. Da sind wir

schon bei 300 €!
„Vielleicht können wir nur bis
Frankreich fahren und Fritz holt
uns mit dem Mietauto ab?"
Oh! Bis Perpignan kostet die
Fahrt von Paris nur 69 €!
Bis Palafrugell sind es
lediglich100 km, Autobahn.
Das ist doch machbar!

Paris verwöhnt mich wieder mit
einer schönen Unterkunft, einer
ganzen Wohnung im Hinterhof
und mit kleinem Garten. Wie
immer in meinem geliebten 12.
Arrondissement, in der Rue
des Rendez-Vous!
Diese Straße stellt sich als
Perle heraus, wunderschön
weihnachtlich geschmückt, mit
einem Delikatessengeschäft

neben dem anderen.
Ich schwelge in Baguettes,
Spaziergängen und
abendlichem Wein. Dazu fahre
ich dann schon mal mit der
Métro zum Place St Paul, im
Marais.
Am zweiten Morgen ab zur
Gare de Lyon und in den TGV
nach Perpignan.


Fritz und ich tauschen schon
den ganzen Tag während der
Fahrt Nachrichten aus, er holt
das Mietauto, fährt los
Richtung Frankreich …
und steht pünktlich bei meiner
Ankunft im Bahnhof von
Perpignan.

Die Fahrt mit dem Auto verläuft
unkompliziert, dann wird es

etwas knifflig mit der Suche nach der Wohnung, aber dank Google Maps schaffen wir auch das. Die große Wohnung ist wundervoll und hat einen Balkon mit Blick aufs Meer. Fritz hatte mich gefragt, ob noch Freunde dazu kommen könnten, wir hätten ja Platz genug!

„Ja, klar", sage ich.

Die Aussicht, mit Mama mehrere Tage allein zu sein, ist vielleicht nicht unbedingt sein größter Wunsch! Meine Alter Egas nicken verständnisvoll. Und ich finde es lustig, mit anderen Menschen Weihnachten zu feiern.

Die Freunde aus Costa Rica bzw. Holland sind die Eltern einer Freundin meines Sohnes.

Die Freundin bringt dann noch ihren Boyfriend mit, der aus Südtirol stammt, das Sprachengewirr ist perfekt. Es wird fröhlich und entspannt, alle nehmen Rücksicht, und wir machen tagsüber getrennte Ausflüge, aber auch mal zusammen mit den älteren Herrschaften. Das ist sehr lustig, der laute fröhliche Holländer spricht mit Händen und Füßen Deutsch, ansonsten kommunizieren wir auf Englisch bzw. Spanisch.

Schnell gehen die Tage vorbei, der Himmel ist blau, die Sonne scheint, es ist warm genug, um stundenlang in der Sonne auf dem Balkon zu sitzen. Mal weht ein kühler Wind auf dem Spaziergang an der Küste, und

Meer und Berge bieten ein traumhaftes Panorama.

Bin ich froh, dem kalten, dunklen, grauen Hamburg während der Feiertage entronnen zu sein. Die Alter Egas nicken heftig und freuen sich. Und schon geht's zurück, Fritz bringt mich morgens zum TGV, diesmal nur bis Girona, die Rückfahrt ist günstiger, und ich freue mich schon wieder auf Paris. Nach der Ankunft erreichen wir problemlos die Rue de Sèvres, diesmal also eine schicke Adresse, gleich neben dem großen Modehaus von Hermès. Aber wo ist die Nummer 21?
Google Maps muss helfen, doch wir täuschen uns dauernd in der Richtung.

„Räumliches Denken, da
hapert's", mault Euphemia.
Wir stehen vor einem
Luxushotel mit ausladender
verglaster Terrasse und
üppiger Beleuchtung und
fragen einen Bediensteten:
„Wo, bitte, ist die Nummer 21?"
Dann sehe ich die Nummer.
Wir stehen direkt davor! Aber
wie kommen wir hinein? Der
nette Hotelangestellte sucht mit
uns, und wir finden ein Paneel,
wo wir den Code eingeben
können. Du meine Güte! Schon
etwas erschöpft, staunen wir
aber doch über den eleganten
Treppenaufgang, vom
Feinsten.
Und dann finden wir die
richtige Zimmertür, der
Schlüssel liegt unter der
Fußmatte. Direkt dahinter ein

durchaus elegant eingerichtetes Minizimmer: Bett, Vorhänge, Waschbecken und Herdplatte, dann zwei Schränke, in einem das WC und in dem anderen die Dusche!

„Ha, da schau her!" Katharina ist baff. „Na ja, ist ja alles da, fehlt nix, klein, aber fein."

Koffer abgestellt, umgezogen und ab ins nächste Bistro! Allerleckersten Käse und Wein. „Wieder mal wie Gott in Frankreich", flüstert Euphemia. Tagsüber mit großer Freude das alte Spiel: Frühstück, durch die Stadt flanieren, Mittagsschlaf – aber abends? Die Terrasse vom Luxushotel lockt beträchtlich. Sollen wir es wagen? Ein kleiner Snack, ein Glas Wein, ca. 20 €, aber wir

schwelgen und genießen! Was
für ein Abschluss!!!
Glücklich rollen wir mit dem
ICE nach Hause in die nasse
und kalte Heimat.
„Es ist doch eine schöne
Sache, das Reisen."
Anna ist zufrieden mit sich.
„Allein reisen, was erleben,
Abenteuer …"
Euphemia meckert
ausnahmsweise nicht herum.
„Und wann kommt die nächste
Reise?"
Katharina sinniert „Es macht
nur Spaß, wenn man es nicht
andauernd macht, außerdem
geht uns das Geld aus. Wir
müssen erst wieder sparen."
„Und schreiben", sagt Anna „Ihr
erinnert euch?"
„Ja", sagt Katharina, „Und das
Erinnern beim Schreiben ist

fast so schön wie das Reisen selbst, oder?"

„Geht so", brummt Euphemia.

# Rom

Bella Italia, Roma, Fellini, Villa Borghese, Trastevere, San Pietro, Gianicolo, Cinecitta, Bocca della Verita, Fontana di Trevi, Sixtinische Kapelle, Kapitolinische Museen, Campo di Fiori, Ein Herz und eine Krone, Roman Holiday, Roma Aeterna, Rom, die ewige Stadt. Anna will wieder hin, durch die Straßen laufen, durch die Parks mit den Denkmälern und Brunnen, auf dem Campo dei Fiori zu Mittag essen, abends in Trastevere herumsitzen. Schon lange hatte ich meinem Neffen Victor versprochen, ihn zu besuchen. Er ist der Sohn

meiner verstorbenen Cousine Erika, eine meiner Verwandten aus der sogenannten Argentinien Connection: Anfang des 20. Jahrhunderts waren drei Geschwister meiner Mutter nach Argentinien ausgewandert. Änne, die Älteste, war eine Gouvernante geworden bei einer Familie, die sich lebenslang um sie gekümmert hat, Töne (Anton) war als einziger Bruder von sieben Schwestern schon mit 17 Jahren nach Argentinien aufgebrochen. Der Vater hatte ihm ein Schiffsticket in die Hand gedrückt mit den Worten: „Mach dein Glück, Junge!"
Eine Schwester, Leni, war ihm gefolgt. Sie heiratete einen Deutschen, Heinz Stillger, und führte ein recht herrschaftliches

Leben, das immerhin zur Folge hatte, dass ihre Schwester Eila, die zeitweise mit ihr zusammenlebte, kein Spanisch sprechen sollte, schon gar nicht mit Bediensteten oder Markthändlern. Victor war nun der Enkel dieser hochnäsigen Tante Leni. Seine Eltern, also meine Cousine Erika und ihr Mann Pipo, übrigens italienischer Herkunft, waren in den Fünfzigern nach Rom gezogen, weil Pipo, Professor für Agrarwissenschaft in Buenos Aires, einen Job bei der UNO bekam.

Victor und ich hatten uns im Sommer 1965 kennengelernt, als ich mit meiner Tante Eila einen vierwöchigen Verwandtenbesuch in Rom verbringen durfte.

Ich war 18, Victor 14, als er mich auf Geheiß seiner Mutter zu den Sehenswürdigkeiten der Ewigen Stadt begleitete. Irgendwie hatten wir in all den Jahren den Kontakt nicht verloren, schrieben uns Mails und später WhatsApp. Er lud mich ein, ihn und seine Frau Suli zu besuchen, immer wieder. In den Neunzigern hatten wir sie mit den Kindern besucht. Suli und Victor haben einen gleichaltrigen Sohn, Alessandro. Also dachte ich, wenn nicht jetzt noch einmal, wann dann.

Außerdem gibt es den Nachtzug München-Rom. Der soll aber nur bis Florenz gehen. Das finde ich doof, morgens um 6 Uhr raus aus

dem Zug und mit einem
normalen Zug weiterfahren.
„Da muss es doch eine
Alternative geben", meint
Katharina.
Die geht über ... Wien. Zum
zweiten Mal in diesem Jahr
also Wien. Die Stadt wird mir
immer vertrauter. Gut gemacht!
Ich klopfe meiner Alter Ega auf
die Schultern! Prima, denn den
Nachtzug Hamburg-Wien
kenne ich ja schon – der
Nachtzug Wien-Rom ist die
Lösung!
Am 27. Mai, einen Tag nach
meinem Geburtstag, geht es
los. Gegen Abend fängt es
heftig an zu regnen.
„Das hört ja gar nicht wieder
auf", jammert Schwester Sorge
mit einem prüfenden Blick zum
Himmel, kurz bevor wir zu Fuß,

wie immer, zum Altonaer Bahnhof aufbrechen wollen.

„Dann fahren wir eben mit dem Bus", entscheidet die pragmatische Katharina.

„Ist es nicht viel zu früh?", frage ich.

„Nein, ist ok." Ausnahmsweise sind sich Katharina und Euphemia einig.

Der Zug steht schon eine Stunde vor Abfahrt bereit. Wir richten uns in unserem Schlafwagenabteil ein und betrachten entspannt das regnerische Wetter. Wie großartig, trockenen Fußes hergekommen zu sein und schon im gemütlichen Abteil eingerichtet! Dann dauert es doch. Nix mit pünktlicher Abfahrt, 10 Minuten, 30 Minuten, 45 Minuten.

Schwester Sorge schaut andauernd aus dem Fenster. „Was ist denn bloß los? Wird das noch was mit der Abfahrt? Und wieso machen die keine Durchsage?"
Katharina steigt kurz entschlossen aus und fragt den Schaffner, der auf dem Gleis steht. Als sie wieder hereinkommt, erklärt sie, dass die Motorräder auf dem Autoreisewaggon noch festgezurrt werden müssen, da es sehr windig zu werden scheint. Na gut, aber auch unser Söhnlein Sekt lässt auf sich warten. Nach einer Stunde Verspätung geht es los, der Schaffner kommt, kontrolliert unser Ticket auf dem Smartphone und bringt endlich den Sekt. Die Sonne scheint

wieder, Dammtor, Alster, Hauptbahnhof. Wir entspannen und lehnen uns zurück. Genüsslich nippen wir am Drink, sinken irgendwann in die weiß bezogene Bettwäsche. Was für ein Vergleich zum engen Sitzen im Flugzeug. Und immer am Boden entlang die Landschaft vorbeiziehen lassen.
Aufwachen, rausgucken, Frühstück, ankommen!

Vienna!

Diesmal wissen wir schon Bescheid. Bus 13A zur Neubaugasse, die Mariahilferstrasse entlang zur Webgasse und schon sehen wir unser Hotel: Art Boutique Hotel Ana. Das Gepäck lassen

wir dort, das Zimmer ist noch nicht fertig, also ab zum Café Ritter in Ottakring. Michael sitzt schon da, als wir eintreffen. Herzliche Begrüßung.
Erzählen, Essen, Kaffeehaus-Atmosphäre, Freude.

Zurück im Hotel machen wir einen Mittagsschlaf, danach schlendern wir zu Fuß durch Wien, verspeisen im Café Jelinek einen kleinen Gulaschteller, genehmigen uns dazu drei kleine Grüne Veltliner.

Am Sonntag laufen wir ganze13 km bis zum Donaukanal und zurück. Außer der Sachertorte im Café Ritter in der Neubaugasse und dem abendlichen Veltliner im Café

Jelinek keine weiteren Highlights.

Am Montag kehren wir wieder im Café Jelinek ein, auf ein ordentliches Frühstück. Das Publikum scheint sehr illustre, das Café ist voll. Euphemia futtert genüsslich ein Käsebrot, Katharina checkt schon mal die News im Smartphone.

Was machen wir jetzt? Einfach losmarschieren, in Richtung Burggasse, Neubauviertel, Museumsquartier, Burgtheater und zurück. Nach einem leckeren Salat im Espresso Café, wo sich mittwochs immer Helmut Lethen und Michael Rohrwasser treffen, machen wir einen erfrischenden Mittagsschlaf, der Abend wird im Gasthaus Stemann mit

Michael eingeläutet. Wir tauschen Erinnerungen an Freiburg aus, erzählen aus unseren Leben.

Rom
Am nächsten Abend steigen wir in den Nightjet nach Rom. Mit dem Sekt dauert es mal wieder, aber die Landschaft entschädigt mit der Fahrt durch die Berge Österreichs. Aber am Morgen lässt auch das Frühstück auf sich warten, der Zug hat eine Stunde Verspätung, holt dann aber doch auf, und um 9:50 Uhr fährt er in Roma Termini ein. Victor schreibt mir auf WhatsApp, dass er noch etwas Zeit braucht. Es ist warm und wuselig auf dem Bahnhof. Ich suche einen Treffpunkt, der

leicht zu finden ist und entscheide mich für McDonalds, stelle meinen Koffer hin, setze den Rucksack ab und freue mich, es bis hierher geschafft zu haben. Dann erscheint Victor, ich erkenne ihn und winke stürmisch. Er hat sich gut gehalten mit seinen 70 Jahren, er ist braun gebrannt und sieht gut aus. Wir freuen uns über das Wiedersehen.

Mit seinem Auto fahren wir in den 30 Min entfernten Vorort La Giustiniana, in dem er mit seiner Frau Suli wohnt. Sie ist Lehrerin und noch in der Schule. Es ist heiß. „Wir könnten an den Lago Bracchiano fahren", schlägt er vor. Prima. Ich schnappe mir meine Badesachen und los geht's. Am Lago essen wir erstmal leckeren Fisch aus dem See in Victors und Sulis Stammlokal. Wir trinken Weißwein, Victor etwas zu viel. „Ey, du musst noch Auto fahren", sage ich. „Kannst du machen", meint er. Nee, wehre ich erschrocken ab. Erstmal aber an den Strand unter den Sonnenschirm und ab und zu in den See springen zur Abkühlung.

Nach einigen Stunden und einem Kaffee ist Victor einigermaßen nüchtern. Abends hat Suli das Dinner vorbereitet, der Sohn, Ale, kommt mit seiner Frau Haydée zu Besuch. Sie wohnen nur ca. 500 Meter weiter. Ein sehr schöner Abend. Ich habe ein Zimmer im oberen Stockwerk mit eigenem Bad und einem Balkon. Abends lasse ich die Balkontür weit auf, und es wird herrlich kühl in der Nacht.

Am nächsten Tag hat Suli frei, und wir fahren nach Rom, mit

dem Auto und der Straßenbahn. Piazza del Popolo, Fontana di Trevi, überall wimmelt es von Touristen und es ist sehr heiß – am 2. Juni! Wir ziehen uns in den ruhigen Park Villa Borghese zurück. Nach der Heimfahrt halten wir alle drei eine ausgiebige Siesta, das Dinner ist erst um 20 Uhr.

Am nächsten Tag packe ich den Stier bei den Hörnern und fahre allein in die Stadt. Finde den Bahnhof, schaffe es, ein Ticket zu kaufen. In der Regionalbahn werde ich vom Schaffner an der Tür angewiesen, die Maske aufzusetzen. Hier herrscht Ordnung, denke ich. An der Station San Pietro aussteigen und den 64er Bus nehmen, hat Suli gesagt. Es funktioniert. Ich steige am Corso Vittorio Emmanuele aus, suche auf meinem Stadtplan die Piazza Navona und finde sie sogar. Kein Schatten, die Cafés sehen nicht sehr einladend aus, leer und ungemütlich, dafür gibt es viele Bars, die erst am Abend öffnen. Ich setze mich trotzdem in den

Schatten einer Bar, zahle 10 €
für einen Tee und sehe zu,
dass ich wegkomme. Der
nahegelegene Campo dei Fiori
gefällt mir besser; auch er ist
touristisch, aber immer noch
ein echter italienischer Markt
mit vielen Restaurants und
Cafés.

Am nächsten Tag nimmt mich Victor mit zum Lago Martignano, ein von Bergen umgebener See, ein wahrer Geheimtipp. Auf der Wiese am See kann man Liegen und Sonnenschirme mieten, für 30 €.

„Stolzer Preis", murmelt
Euphemia.

Am Sonntag fahren wir alle
zusammen, Victor, Suli, Ale
und Haydée an den Lago di
Bracchiano. Wieder gibt es zu
Mittag frischen Fisch aus dem
See im Restaurant.
Stundenlang unter einem
Sonnenschirm zu liegen, bin
ich nicht mehr gewohnt, aber
hier scheint es normal zu sein.
Haydée lernt Englisch, ich
genieße die wunderbare
Landschaft und die Wärme und
gehe ab und zu ins Wasser.

Am Montag will ich wieder
allein los. Victor empfiehlt mir
Viterbo. Ich erfahre, dass zwei
Fußballspieler, eine
Opernsängerin und ein

Motorradrennfahrer aus der Stadt stammen. Sie war in alten Zeiten immer wieder hart umkämpft vom Vatikan und anderen Herrschern. Dort residierten sogar einige Päpste. Deswegen gibt es auch einen päpstlichen Palast, in dem sich jetzt der Bischofssitz befindet.

Die mittelalterliche Stadt ist gut von La Giustiniana aus mit dem Regionalzug erreichbar. Obwohl nicht alle Züge, die in die Richtung fahren, auch in Viterbo halten, schaffe ich es und gehe erstmal frühstücken. Das habe ich mir so angewöhnt, wenn ich allein Ausflüge mache. Erstmal ankommen. Es ist nicht viel los, ich wandere durch die alten Gemäuer und Straßen. Es wird schon wieder heiß, also gehen wir drei, Katharina, Euphemia und ich, langsam. Euphemia möchte eigentlich maulen, hält sich aber zurück. Bei der Hitze heißt es zusammenhalten, sonst wird es für alle unerträglich. Immerhin ist es in den Gassen einigermaßen schattig. Aber mittags finden wir kein passendes Restaurant, also fahren wir im klimatisierten Zug zurück nach La Giustiniana. Da steht grade das Mittagessen auf dem Tisch! Suli und ich unterhalten uns, und Victor kommt hinzu, Abends sagt Ale: „Ich nehme dich mit nach Anzio, morgen Abend hole ich dich ab. Wir bleiben zwei Nächte dort." In Anzio, einer alten römischen Siedlung am Meer, haben

Victor und Suli eine kleine Wohnung. Boah, so was Nettes, seine alte Tante mit ans Meer zu nehmen! Ale ist so entzückend und charmant zu mir, als wäre ich ein besonderes Familienmitglied. Wir fahren ungefähr eine Stunde und gehen erstmal in die kleine Wohnung. Nett dekoriert mit übergroßen südländisch anmutenden Bildern und Malereien. Sympathisch und eigenwillig eingerichtet. Dann schlendern wir die Promenade entlang bis zu einem Restaurant, das Ale empfohlen hat. Ich fühle mich behandelt wie eine Königin, und wir bestellen einen leckeren regionalen Fisch. Und Wein natürlich. Mit Blick aufs Meer unterhalten uns über unsere Familien: Ale erzählt von der argentinischen Seite, den Brüdern seines Vaters Victor, die alle in der Nähe von Buenos Aires leben. Und viele Kinder haben. Zwei Brüder ungefähr 15 Kinder.

Am nächsten Tag, nach dem Frühstück in einer Bar, natürlich am Meer, gehen wir an den Strand, mieten Liegen und Sonnenschirm. Es ist Ende des Schuljahres, und schon bald strömen Massen von Schülerinnen und Schülern an uns vorbei zu einem freien Strand. Alle sind gut gelaunt – Sommerferien! Die Bikini-Unterteile der Mädchen bestehen aus Tangas, das heißt, wir blicken auf viele nackte Pos, in allen Größen und Ausladungen. Wow! Wer hätte das gedacht? Copacabana! Wenn das der Papst sehen würde!

Abends gibt's wieder frischen Fisch in einer der Restaurants am Meer.

Wein, Sonnenuntergang, antike römische Ruinen, alles da. Schon für die alten Römer war Anzio ein beliebter Ort, wenn es ihnen in Rom zu heiß wurde, allerdings war es für sie eine Tagesreise. Heute braucht man mit dem Auto nur ein bis eineinhalb Stunden, je nach Verkehrsaufkommen.

Von Giustiniana aus fahre ich am nächsten Tag nochmal mit der Regionalbahn nach Rom. Weiter geht's wieder mit dem Bus Nr. 64 bis San Pietro. Diesmal will ich auf den Gianicolo, einen der, finde ich, schönsten Hügel Roms. Ich gehe eine lange Straße am Fuß des Hügels entlang, hier sind sehr wenige Menschen. Aber ich will nach oben, in den

Park – wo geht es denn bloß hinauf? Ich frage einen jungen Mann nach dem Weg; er schaut auf sein Handy und meint, der Aufgang müsse noch weiter vorn sein. Hoffnungsvoll marschiere ich weiter, es ist noch früh und nicht so heiß. Und da ist er, der Eingang zum Park, von dem man wunderbare Aussichten auf die Stadt genießen kann. Außerdem gibt es ein großes Reiterstandbild des Kämpfers für die Einheit Italiens: Giuseppe Garibaldi. Aber auch von seiner Frau, der aus Brasilien stammenden Revolutionärin Anita Garibaldi, gibt es ein großes Denkmal. Es zeigt sie wild reitend mit einer Pistole in der Hand und einem Kind auf dem Arm. Im Internet finde ich ein Foto von ihr von 1948, das sie in Männerkleidern und mit stolzer Haltung zeigt. Auch als Schwangere beteiligte sie sich an Kämpfen, überlebte und starb auf der Flucht 1949 an Malaria. Ihr Leben ist mehrfach verfilmt worden, sowohl in Brasilien als auch in Italien. Es gibt sogar eine Oper über sie.

Unterhalb des Hügels erstreckt sich der Stadtteil Trastevere, am Ende mündet er in die Vatikanstadt. Ich finde meinen Weg zum Campo dei Fiori, genieße meinen Lunch und fahre nach La Giustiniana zurück.

Bald ist meine Zeit in Rom beendet, Victor bringt mich zur Stazione Termini. Ich hatte ganz vergessen, dass der Schlafwagen ausgebucht ist, also lande ich in einem Liegewagenabteil mit einem netten österreichischen Paar und einer molligen jungen sowie einer etwas älteren Frau, die von ihren Verwandten aus Neapel kommt und einiges zu erzählen hat. Diesmal geht es nach München und von da mit dem ICE nach Hamburg. Alles läuft glatt, und ich erreiche Hamburg am nächsten Abend mit einer nicht nennenswerten Verspätung von einer Stunde.

„Und?" fragt Anna, „Zufrieden mit dem Text?"
Euphemia ist gnädig: „Ja, atmosphärisch nicht schlecht, Anita Garibaldi, ok. Aber warum reisen wir so viel?"
„Das haben wir doch beschlossen", sagt Anna ungläubig. „Das ist doch unser Projekt. Reisen und darüber schreiben. Außerdem, mir hat's gefallen, der Nachtzug, Victor und Familie, die Ausflüge, die wir allein hinbekommen haben."
Katharina ergänzt: „Die

Ausflüge waren spannend allein, aber alles allein wäre langweilig gewesen, mit den Verwandten was unternehmen, bei ihnen sein, erzählen, das war die richtige Mischung."
„Amen" grinst Euphemia.